Ph. Rossmann

Ein Studienaufenthalt in Paris

Ein Führer für Neuphilologen

Ph. Rossmann
Ein Studienaufenthalt in Paris
Ein Führer für Neuphilologen

ISBN/EAN: 9783743495135

Hergestellt in Europa, USA, Kanada, Australien, Japan

Cover: Foto ©Andreas Hilbeck / pixelio.de

Weitere Bücher finden Sie auf **www.hansebooks.com**

Ein Studienaufenthalt in Paris.

Ein Führer für Neuphilologen.

Von

Dr. Ph. Rossmann,
Oberlehrer an der Oberrealschule zu Wiesbaden.

Marburg.
N. G. Elwert'sche Verlagsbuchhandlung.
1896.

EIN STUDIENAUFENTHALT IN PARIS.[1]

1. EINLEITUNG.

Wer sich zum zwecke sprachlicher vervollkommnung einmal im auslande aufgehalten hat, weiss sehr wohl, von wie hoher wichtigkeit es ist, möglichst rasch die richtigen mittel und wege zur erreichung dieses zweckes zu finden. Da nun neuerdings die zahl derer wiederum wächst, welche zu eingehenderem studium französischer sprache und französischer verhältnisse in Paris weilen, und da ich manchen derselben, in seinen hoffnungen enttäuscht, von dort nach Deutschland zurückkehren sah, so möchte ich versuchen, meine im winter 1894/95 in der französischen hauptstadt gesammelten erfahrungen kurz zusammenzustellen, mit dem wunsche, dadurch insbesondere den studenten und den lehrern und lehrerinnen, welche mit den französischen verhältnissen nicht vertraut sind, einige winke zu geben.

Über derartige studienreisen im allgemeinen kann ich mich in vorliegender arbeit kurz fassen, da schon viele abhandlungen hierüber vorhanden sind. Eine beschränkung aber auf pariser verhältnisse empfiehlt sich um so mehr, da der fremde gerade dort auf ganz eigenartige schwierigkeiten stösst, denen aus dem wege zu gehen mancher nicht versteht, und durch die ihm der aufenthalt verleidet wird.

---

[1] Programmabhandlung aus dem jahresbericht der städtischen oberrealschule zu Wiesbaden über das schuljahr 1895—96 mit einigen zusätzen.

2. VORBEREITUNGEN FÜR DEN AUFENTHALT IM AUSLAND.

Im allgemeinen geht der deutsche erst ins ausland, nachdem er sich hier schon grössere oder geringere kenntnisse in der fremden sprache angeeignet hat. Seine hauptthätigkeit im fremden lande wird also danach zielen, eine umfassende beherrschung der umgangssprache zu erwerben und tiefer in das geistesleben und in die eigenart des fremden volkes einzudringen. Dabei werden sich auch seine kenntnisse in der litteratursprache erweitern.

Betreffs aneignung einer guten aussprache darf man nicht das unmögliche erwarten; keinesfalls darf man hoffen, dass sie einem als freie zugabe von selbst in den schoss falle. Ich weiss allerdings, dass sehr viele lehrer in Deutschland der überzeugung sind, das französische ebenso gut auszusprechen wie nationalfranzosen, können sie doch diese überzeugung stützen durch das urteil mancher französischen autoritäten. Doch sie bedenken nicht, dass die betreffenden franzosen ihnen ja nur eine liebenswürdigkeit sagen wollten, und ich fürchte, dass die meisten die probe einer sizilianischen vesper nicht überleben würden. Eine echt nationale aussprache können nur diejenigen erlangen, welche entweder von frühester jugend an mit ausländern die fremde sprache sprechen, oder welche, mit vorzüglichem gehör und geschmeidigen sprechorganen begabt, — dieser vorzug ist eher bei damen als bei herren zu finden — bei sehr langem aufenthalte im auslande unausgesetzt sorgfältige ausspracheübungen machen. Madame la Vicomtesse du Peloux, die in solchen fragen sehr viel erfahrung hat, da sie seit jahren ein heim für junge ausländerinnen leitet (Paris, 26, rue de Turin), und bei der schon sehr viele deutsche lehrerinnen ihre praktischen sprachkenntnisse erworben haben, behauptet, dass ein erwachsener unter den *allergünstigsten verhältnissen* immerhin *drei volle jahre* unter franzosen leben muss, um sich eine nationale aussprache anzueignen.

Wem von der natur die oben erwähnten vorzüge versagt sind, oder wer sich nur kürzere zeit im auslande aufhalten kann, der muss, um eine auch nur einigermassen gute aussprache zu erlangen, die betreffenden übungen um so fleissiger vornehmen. Doch können die eigentlichen lautübungen sehr gut auch in der heimat gemacht werden. Und hierbei leistet die praktische phonetik sowie das lesen von lauttexten vorzügliche dienste.

Ich kenne manche neuphilologen, die mit dieser hilfe, ohne jemals im auslande gewesen zu sein, die fremde sprache lautlich viel genauer und richtiger sprechen lernten als andere, die lange zeit ja oft jahre lang. im`auslande weilten. Und dank der lautgymnastik, die jetzt auch planmässig im schulunterricht getrieben wird, schwindet doch die „grauenhafte" schüleraussprache mehr und mehr. Da also bei den heutigen hilfsmitteln eine lautlich richtige aussprache in der heimat erworben werden kann, so ist es zweckmässig, dass derjenige, welcher nur einen kürzeren aufenthalt im auslande nehmen will, eine gute aussprache möglichst dorthin schon mitbringt. Ihm ist als vorbereitung das studium von büchern zu empfehlen, wie: Victor, *Elemente der phonetik*, Leipzig; Trautmann, *Die sprachlaute*, Leipzig; Beyer, *Französische phonetik*, Cöthen; Passy, *Les sons du français*, Paris; Passy, *Le français parlé*, Leipzig; Beyer und Passy, *Elementarbuch des gesprochenen französisch*, Cöthen; ferner Koschwitz, *Les parlers parisiens*, Paris und Leipzig; insbesondere, trotz einiger veralteten aussprachangaben, das verdienstvolle buch von Plötz, *Systematische darstellung der französischen aussprache*, Berlin. Ausserdem wird das regelmässige lesen des *Maître phonétique* (redigirt von P. Passy), insbesondere der *Partie des élèves*, sehr nutzbringend sein.

Im auslande selbst wird er sich grössere treffsicherheit im hervorbringen der laute, das richtige sprechtempo, den eigenartigen rhythmus und die nationale intonation der fremden sprache aneignen.

Derjenige, welcher nur kürzere zeit im fremden lande weilen kann, muss aus praktischen gründen schon einige kenntnis der umgangssprache haben. Wofern er sich diese übung nicht anderweitig angeeignet hat, arbeite er vor der reise noch konversationsbücher durch, unter denen besonders zu empfehlen sind: Kron, *Le petit Parisien*, Karlsruhe 1895; Plötz, *Voyage à Paris*, Berlin; Felix Franke, *Phrases de tous les jours*, Leipzig; Foulché-Delbosc, *Causeries parisiennes*, Leipzig.

Ausserdem frische er vor einer reise nach Frankreich seine kenntnisse in französischer geschichte, litteratur und kunstgeschichte auf, geschehe es auch nur deshalb, um im umgange mit franzosen, die im allgemeinen eine sehr gute nationale bildung haben, rede und antwort stehen zu können. Ferner versehe er sich ausser mit seinem Baedeker (französische, daneben womöglich deutsche ausgabe wegen des zuweilen abweichenden, für deutsche oft wertvollen inhalts) mit einem ratgeber über französische verhältnisse, am besten mit Langenscheidts *Notwörterbuch der französischen sprache*, teil III, *Land und leute in Frankreich*. Empfehlungsschreiben und adressen für wohnungen [1] verschaffe er sich, so viele er nur auftreiben kann. Auch besorge er sich eine passkarte, die er oft zu seiner legitimation, z. b. beim empfang von geldbriefen, nötig hat. Hierbei sei gleich bemerkt, dass es sehr empfehlenswert ist, sich unter vorlage dieses passes auf der französischen polizeipräfektur an- und abzumelden. Es braucht wohl kaum hervorgehoben zu werden, dass wer in Paris verkehr mit guter gesellschaft pflegen will, in seinem anzug tadellos erscheinen muss; denn nach seinem äussern wird er im lande der mode zunächst und von vielen nur beurteilt.

Was schliesslich die mittel anlangt, mit denen er sich zu versehen hat, so lässt sich eine bestimmte summe schwer angeben. Es kommt eben darauf an, wie der einzelne sich einzurichten versteht, welche anforderungen er stellt, und wie er es mit seinem unterkommen trifft. Immerhin wären für herren als monatliches minimum 300 bis 500 franken anzusetzen; damen kommen mit einer kleineren summe aus. (Man vergleiche meine weiteren ausführungen s. 10 ff.). Je grösser die verfügbare summe ist, um so bequemer und rascher lässt sich die sprachliche ausbildung fördern und die kenntnis von land und leuten erweitern.[2] Auf verdienst durch privatunterricht rechne man nicht. Er ist

---

[1] Obgleich es ein undankbares geschäft ist, pariser pensionen zu empfehlen, so mögen immerhin hier einige angeführt werden: M*me* Pécler, 38, rue St-Sulpice; M*me* Geffroy, 80, rue de Grenelle; M*me* Bartkowska, 71, rue Claude Bernard; M*me* de Bridier, 52, rue de Grenelle; M. Avrillon, 54, rue Notre-Dame de Lorette; M*me* Charvet, 5, rue des Feuillantines; M*me* Charrier, 21, rue de Vaugirard; M*me* Grandsire, 44, rue d'Assas: M*me* Amiel, 28, rue de Madame; ferner die *Pension internationale* in der avenue de Malakoff und die pension in der rue Notre-Dame des Champs 77/79; nur für damen M*me* la Vicomtesse du Peloux, 26, rue de Turin.

[2] Über die bis jetzt in Preussen bestehenden staatlichen, städtischen und privat-reisestipendien vgl. den jahresbericht der städtischen oberrealschule zu Braunschweig 1896 (progr.-nr. 708).

schwer zu finden und hindert in den meisten fällen die eigene ausbildung. Ich sage, in den meisten fällen; denn unter umständen kann ein solcher unterricht zur erweiterung des horizontes wesentlich beitragen. Ich erteilte bei Rothschild dem sohne des hauses, der das *lycée* besuchte, wöchentlich eine deutsche stunde, wobei ich in ungezwungenem gespräche mit schüler, hauslehrer oder familie sehr gute gelegenheit hatte, meine kenntnisse über französisches schulleben und über höhere gesellschaftskreise zu bereichern, und wo ich manche wertvolle anregung erhielt.

Auf die summe, welche man zu verausgaben hat, lässt man sich am besten von seiner bank einen kreditbrief ausstellen, so dass man an bestimmten bankstellen in der fremde jederzeit nach wunsch kleinere summen erheben kann. Für den reisebedarf wechsle man sich hier etwas französisches geld ein. In Paris ist als wechsler zu empfehlen: Allard, place de la Bourse; man hüte sich vor den kleinen wechselgeschäften, die hohe spesen berechnen.

Im allgemeinen gilt der satz: *Je kürzer der geplante aufenthalt ist, um so besser vorbereitet muss man sein; und je nach der vorbereitung und der dauer des aufenthaltes bemessen sich die ziele, die man sich stecken darf.*

3. IN WELCHEM LEBENSALTER SOLL MAN STUDIENREISEN INS AUSLAND UNTERNEHMEN, UND WELCHES SOLL IHRE DAUER SEIN?

Da mit zunehmendem lebensalter die geschmeidigkeit der sprechorgane und die lebendigkeit des gedächtnisses, das bekanntlich bei der spracherlernung die erste rolle spielt, abnehmen, so ist es ratsam, möglichst früh einen aufenthalt unter ausländern zu nehmen. Das glück, im zartesten kindesalter die fremde sprache mit einer bonne zu üben, ist allerdings nicht jedem vergönnt. Die schulzeit durch einen aufenthalt im auslande zu unterbrechen, hat auch seine bedenken; denn das schulleben ist derart eingerichtet, dass das unterbrechen des unterrichts auf das fortschreiten des schülers sehr störend wirken würde. Sollte aber nicht schon ein ferienaufenthalt im auslande seine wohlthuende wirkung üben? Französische schüler, söhne wohlhabender eltern, unternehmen jetzt thatsächlich solche reisen nach Deutschland. Ich selbst habe als schüler einmal meine sommerferien

in Bruges verbracht und dort während der kurzen zeit recht
hübsche fortschritte im sprechen des französischen gemacht,
worin ich wenig vorübung mitbrachte. Möge sich auch bei uns
das französische system einbürgern, wonach mehrere schüler bei
beginn der ferien von einem lehrer nach verschiedenen orten
gebracht und am schluss derselben ebenso wieder abgeholt werden.
Keinesfalls sollte bei den anforderungen, die heute an den
lehrer der neueren sprachen gestellt werden, der neuphilologe
unterlassen, einige semester seiner studienzeit auf einer fremdsprachlichen universität zu verbringen. Die dort erworbenen
praktischen sprachkenntnisse bilden doch zweifelsohne die beste
grundlage in der vorbereitung auf seinen zukünftigen beruf.
Auch hat er ja heutzutage die gewissheit, dass sie ihm in der
staatsprüfung als eine wirkliche leistung anerkannt werden müssen.
Überdies bleibt ihm zu seiner wissenschaftlichen ausbildung auch
auf der fremden universität zeit und gelegenheit. Wer aber als
student aus irgend welchen gründen nicht ins ausland gehen
kann, der möge alles daran setzen, um während seiner wartezeit,
etwa während des probejahres, einen aufenthalt im auslande zu
ermöglichen. Wenn er erst einmal in amt und würden ist,
dann halten ihn die verschiedensten gründe nur zu leicht an
der scholle fest. Ausserdem aber ist noch zu bedenken, dass
man in jungen jahren sich viel leichter in fremde verhältnisse
schickt, dass man noch beweglicher ist und sich rascher an
andere anschliesst. So findet ein student im umgang mit seines
gleichen unausgesetzt gelegenheit zu plaudern und sich in das
leben des fremden volkes zu vertiefen, während ein mann in
vorgerückten jahren in der fremde nur zu oft vereinsamt ist.

Also gründe genug, die reise ins ausland nicht zu lange
hinauszuschieben. Wie lange aber muss man zum mindesten
dort verweilen? Dies hängt selbstverständlich von den persönlichen vorkenntnissen ab. Immerhin kann auch ein kurzer aufenthalt von nutzen sein; aber zur erlangung von redegewandtheit und sicherem sprachgefühl, zu einigermassen gründlichem
einleben in die realien sollte man mindestens ein jahr ununterbrochen in dem betreffenden lande bleiben.

Mit einem einmaligen aufenthalte ist es jedoch nicht gethan.
Danach gilt es, alle paar jahre seine kenntnisse aufzufrischen, zu
korrigiren und zu erweitern. Zur begründung dieser forderungen

verweise ich auf die verhandlungen der kölner philologenversammlung im herbste 1895, wo meine folgende these allgemeine annahme fand: *Es ist wünschenswert, dass der neuphilologe vor seiner anstellung ein jahr und später in angemessenen zwischenräumen jedes mal mehrere wochen im auslande verbringt.*

Bei diesen späteren reisen wird der gereiftere mann ausser der technischen auffrischung und erweiterung der sprachkenntnisse in erster linie das studium von land und leuten, von sitten und einrichtungen, von volksgeist und geistesleben zu betreiben haben, um so mehr als der jüngling hierfür in vielen fällen weder die nötige zeit noch das tiefere interesse besitzt.

Man wird mir gewiss entgegnen, dass es für den neuphilologen aus vielen gründen ganz unmöglich ist, diese pflichten für zwei sprachen, für das französische und englische, zu erfüllen. Ich teile diese bedenken vollständig und verweise deshalb auf meine erste kölner these, wonach der neuphilologe in zukunft nur *eine* fremde sprache als hauptfach studiren soll (vgl. Die *Neueren Sprachen* III, s. 569 ff.).

4. ORT DES AUFENTHALTES.

Unter allen städten französischer zunge eignet sich zu einem studienaufenthalt im allgemeinen die französische hauptstadt am besten. Dort wird bekanntlich ein mustergiltiges französisch gesprochen; zugleich können dort auch dialektstudien betrieben werden. Ausserdem aber bietet die französische metropole, die seit jahrhunderten den mittelpunkt des materiellen und geistigen lebens der nation bildet, dem beobachter die reichste und bequemste gelegenheit, sich mit dem kulturleben des französischen volkes auf allen gebieten vertraut zu machen. Der philologe gewinnt ohne grosse umstände zutritt zu den verschiedenartigen unterrichtsanstalten. Zu den füssen der ersten gelehrten kann er sitzen und unentgeltlich seine kenntnisse in der französischen geschichte und staatsverfassung, in litteratur und kunst erweitern. Die weltberühmten kunst- und wissenschaftlichen sammlungen bieten ihm überreiche gelegenheit, sich ganz nach neigung in ein besonderes fach französischer kulturentwicklung zu vertiefen. Plätze, strassen und baudenkmäler nehmen sein lebhaftestes interesse in anspruch, bilden sie doch zum teil den schauplatz der grossen ereignisse französischer geschichte und zugleich der heimischen schullektüre. Der verkehr auf der strasse, im café, im theater und in öffentlichen versammlungen macht ihn in bequemster weise mit der eigenart des französischen charakters, mit volkshumor, mit den formen des gesellschaftlichen umgangs, mit leuten der verschiedensten stände bekannt. (Von weiteren vorzügen, die Paris allen anderen orten voraus hat, später.) Darum sollte jeder lehrer des französischen mindestens einige monate in Paris verbringen. Wer jedoch erst geringe übung in der konversation hat, und wem für einen ersten aufenthalt nur wenige wochen zur verfügung stehen, der thut im allgemeinen besser, einen anderen ort aufzusuchen. Er wird dort zumeist für weniger geld raschere fortschritte in der sprachbeherrschung machen als in der hauptstadt.

In Paris ist nämlich, wie wir später hören werden, ein gutes unterkommen recht schwer zu finden. Die wohnungssuche nimmt zu viel zeit in anspruch; und ehe man ordentlich zur ruhe gekommen ist, muss man schon wieder an die abreise denken. Überdies haben die pensionsgeber, die bei den teuren pariser verhältnissen fast alle nach verdienst jagen müssen, im allgemeinen nur wenig freie zeit zur unterhaltung der fremden. Auch nimmt der besuch der sehenswürdigkeiten, auf die man nicht gerne verzichtet, der spracherlernung viel zeit weg. Unter diesen umständen wähle man seinen aufenthaltsort in der gegend zwischen Tours und Orléans, wo ebenfalls ein gutes französisch gesprochen wird, oder auch sonst, wo man sicher ist, mit gebildeten zu verkehren, die sich ja im allgemeinen dem pariser standard ganz anpassen. Ein aufenthalt in der französischen Schweiz kann ebenfalls seine guten früchte tragen, obgleich die pariser das schweizer französisch nicht als vollgiltig anerkennen. Bei der auswahl eines aufenthaltsortes in Belgien dagegen sollte man vorsichtiger sein, nur dahin gehen, wo man im voraus des umgangs mit sprachlich gut gebildeten ganz sicher ist. Ich benutzte als student einmal meine grossen ferien zu einem zweiten aufenthalte in Bruges und habe während jener zeit meine praktischen kenntnisse wesentlich vervollkommnet.

Wer wiederholt reisen nach Frankreich macht oder wer dort einen längeren aufenthalt nimmt, hat die verpflichtung, ausser nach Paris auch in die provinz zu gehen, um die eigentümlichkeiten der verschiedenen französischen landschaften und ihrer bevölkerung ebenfalls aus der anschauung kennen zu lernen. Hierzu eignen sich fusstouren besonders gut. Auch der aufenthalt in einem seebad bietet ein gutes feld zu beobachtungen und zum vergleichen der gegensätze, wie franzosen und deutsche oder engländer dasselbe element zu geniessen verstehen. Welch ganz anderen eindruck macht doch das badeleben in St-Valery-en-Caux oder Veules und in dem jenseits des Kanals gelegenen Brighton oder in Shanklin, sowie etwa in Borkum oder Norderney!

5. ZEIT DES AUFENTHALTES IN PARIS.

Am wenigsten geeignet für einen aufenthalt in Paris ist die zeit von ende juli bis ende september. Alle lehranstalten, von der elementarschule bis hinauf zur Sorbonne und dem Collège de France, sind geschlossen, ebenso einige bessere theater. Die parlamentarische thätigkeit ruht, und der grösste teil der pariser gebildeten gesellschaft hat der hauptstadt den rücken gekehrt. Paris ist wie ausgestorben. Sogar viele pensionsgeber erholen sich während dieser zeit durch einen landaufenthalt. Man benutze also die monate august und september dazu, auch andere teile des landes kennen zu lernen. Wer im juli in Paris weilt, versäume nicht, an den gut geleiteten ferienkursen teilzunehmen, welche um diese zeit von der *Alliance française* (45, rue de Grenelle) speziell für ausländer abgehalten werden. Das honorar für sämtliche kurse beträgt 80 frs.[1] Am meisten anregung bietet Paris während der wintermonate.

Wem längere zeit, sechs monate und mehr, für einen studienaufenthalt in Frankreich zur verfügung steht, der wird unter gewöhnlichen verhältnissen am besten zuerst auf einige wochen in die provinz gehen, um vor allem ohne weitere ablenkung seine technische fertigkeit in der beherrschung der sprache zu erhöhen. Dann wird er seinen empirischen studien und beobachtungen in Paris um so erfolgreicher obliegen können.

6. UNTERKOMMEN.

Ein zweckmässiges unterkommen ist ohne zweifel von grösster wichtigkeit. Wer vorlesungen hören und in schulen hospitiren

---

[1] Vgl. Caros bericht in den *Neueren Sprachen* III, s. 367 ff. Dieses jahr findet ein zweiter kursus im monat august statt.

will, wohnt am praktischsten in dem links der Seine gelegenen stadtteil, der den sitz des geistigen lebens von Paris bildet. Das ideal der meisten wäre gewiss, pension zu nehmen in einer gebildeten familie, bei der man möglichst als einziger ausländer recht viel gelegenheit hat, gutes französisch zu hören und sich im sprechen zu üben. Doch die in Deutschland so häufigen professoren- und pastorenfamilien, die es sich zum vergnügen machen, einen bis drei pensionäre wie glieder der familie aufzunehmen, sucht man in Frankreich vergebens. Ein stark ausgeprägter familiensinn, vielleicht auch eitelkeit, verbieten dem franzosen, dritte personen in die intimität seines hauses aufzunehmen. Nur durch not gezwungen, wird sich eine familie der besseren stände zu diesem schritt entschliessen. Bei der hohen wohnungsmiete aber, die sie zahlt, sowie bei den in Paris sehr teuren lebensmitteln muss sie von ihren pensionären enorme preise verlangen. 300 frs. monatlich dürfte wohl das mindeste sein, das man in einer solchen familie für unterkommen zu zahlen hat.

Diese summe aber allein für pension übersteigt die mittel der meisten philologen. Sie müssen also, wenn sie überhaupt daran festhalten wollen, in eine familie zu gehen, gar vieles mit in den kauf nehmen. Zu 200 frs. bietet sich ja zuweilen noch bei sehr geringen ansprüchen ein annehmbares unterkommen. Doch wer monatlich nur 150 frs. oder gar noch weniger für pension auszugeben hat, der kann nur auf ein düsteres, höchst mangelhaft ausgestattetes zimmer und schlechte verpflegung rechnen; er darf keine hohen anforderungen an die bildung der pensionsgeber stellen. Ja diese werden bei dem anstrengenden, alle kräfte absorbirenden leben der grossstadt trotz des besten willens ihm nur wenig zeit widmen können. Tags über gehen sie vielleicht ihrem beruf nach, und während der mahlzeiten schenken sie, abgespannt und mit eigenen interessen beschäftigt, ihm nur wenig teilnahme.

Dann begebe man sich doch lieber in eines der grösseren pensionshäuser, trotz der ausländer und landsleute, mit denen man zusammentrifft. Man findet dort im allgemeinen eine bessere verpflegung und bei dem belehrenden zweck, den solche berufsmässig betriebene und insbesondere für fremde bestimmte anstalten oft mehr oder minder planmässig mit verfolgen, auskunft über nationale einrichtungen und hinweise auf beachtenswertes. Der pensionspreis beträgt durchschnittlich 200 frs. Man lasse sich nur nicht allzusehr durch die landsleute zurückschrecken. Ihnen wird man auch sonst schwer entgehen; ja oft ist eine aussprache mit ihnen, die ja auch wohl zumeist in französischer sprache vorgenommen wird, von grossem wert. Die zu gleichem zwecke in Paris weilenden können sich gegenseitig auf so mancherlei, insbesondere auf die zweckmässigsten mittel zur weiterbildung, aufmerksam machen. Sie können durch ihren gedankenaustausch die gesammelten erfahrungen gegenseitig klären und sich nebenbei auch einmal ermutigen zu geduldigem ausharren in den entbehrungen, die sich jeder deutsche, der studien halber in Paris weilt, aufzuerlegen hat; denn so anspruchslos er auch immer sein mag, er wird in der anspruchslosigkeit noch übertroffen von den französischen familien mittlerer stände, sowohl was die frage der ernährung als auch insbesondere die der häuslichen einrichtung und ordnung anlangt.

Übrigens gibt es noch eine andere art des unterkommens, die nicht unvorteilhaft zu sein scheint und sich mehr für junggesellen eignet. Man muss hierbei allerdings das eingehendere, sehr wertvolle studium des französischen familienlebens aufgeben. Man miete sich ein zimmerchen in einem privathaus oder hôtel garni (für 40—70 frs. monatlich), esse im restaurant, wo man allerdings zum sprechen kaum gelegenheit hat, und nehme sich für mehrere stunden täglich einen gebildeten franzosen als gesellschafter an. Für 80—100 frs. monatlich dürfte ein solcher zu finden sein. Gewiss wird diese art demjenigen, welcher sich im restaurant nicht praktisch einzurichten versteht, auch recht teuer zu stehen kommen. Doch ist zu bedenken, dass er dann einen besonderen lehrer, den sich andere zu ihrer fortbildung nebenbei halten müssen, nicht nötig hat.

Wir haben gesehen, dass jede art des unterkommens ihre bedenken hat; es gilt deshalb, bei der auswahl vorzüge gegen vorzüge abzuwägen. Aber auf welche weise findet man überhaupt ein unterkommen? Da das annoncenwesen in Paris noch wenig ausgebildet ist [1], da das absuchen der häuser auf die aus-

---

[1] Am wirksamsten und preiswürdigsten sind noch die anzeigen in der montags- und donnerstagsnummer des *Matin* (25, rue d'Argenteuil) und in der mittwochs- und samstagsnummer des *Journal* (106, rue Richelieu), während man z. b. im *Figaro* für eine kurze anzeige 10—20 frs. bezahlt.

gehängten wohnungsanzeigen hin auch umständlich und von vornherein nicht immer vertrauen erweckend ist, so bringe man möglichst schon von Deutschland aus adressen und empfehlungen mit. Sich durch einen freund ein unterkommen besorgen zu lassen, ist im allgemeinen nicht ratsam. Man steige zunächst in einem französischen gasthofe auf der linken seite der Seine ab (wähle einen der im Baedeker mit einem sternchen versehenen) und unternehme von da aus in aller ruhe die wohnungssuche. Hier bietet sich gleich ganz gute gelegenheit, land und leute kennen zu lernen. Viele werden bald die erfahrung machen, dass sie ihre anforderung an die wohnung herabschrauben und ihre pensionssumme, wenn möglich, erhöhen müssen. Sie werden finden, dass das vom vermieter als *grande et belle chambre* gerühmte zimmer nur zu oft ein düsterer, enger raum mit dürftigster ausstattung ist. Wo man ernstlich zu mieten beabsichtigt, lasse man sich genau die bedingungen angeben und vergewissere sich, ob in der summe alles inbegriffen ist (*logement, nourriture, chauffage, éclairage* und *service*). Die kündigungsfrist setze man, um spätere streitigkeiten zu vermeiden, am besten schriftlich fest. Ich habe wie andere gelegenheit gehabt, hierin unangenehme erfahrungen zu sammeln. Auf die wohnungssuche verwandte ich nicht weniger als sechs tage. Ich fand denn auch für teures geld eine gebildete familie, bei der ich während meines sechsmonatlichen aufenthaltes ausharrte, während andere in dieser zeit 3 bis 4 mal umzogen. Trotz mancherlei unbequemlichkeiten hatte ich dort doch reichliche gelegenheit, ein vorzügliches französisch zu hören, mich im sprechen zu üben und mich über französische verhältnisse zuverlässig unterrichten zu lassen. Die hoffnung allerdings, in dieser familie nicht mit landsleuten zusammenzutreffen, war eitel. Um weihnachten kamen ungefähr gleichzeitig zwei deutsche herren und zwei deutsche damen an. Doch die letzteren zogen bereits nach 14 tagen ins hôtel Foyot am Luxembourg und nahmen eine französin als gesellschafterin an, und die herren fanden nach verzweifeltem suchen und vergeblichem annonciren nach einem monat ein anderes noch viel teureres unterkommen.

7. DIE PRAKTISCHE SPRACHBEHERRSCHUNG.

Wer eine lebende sprache beherrschen will, der muss sowohl die fähigkeit haben, gesprochenes und geschriebenes rasch zu verstehen, als auch diejenige, sich mündlich und schriftlich gewandt auszudrücken. Da sich nun das verständnis der geschriebenen sprache sehr gut in der heimat erlangen lässt und da ausserdem sprechfertigkeit die natürliche grundlage zum freien schriftlichen ausdruck bildet, so handelt es sich während eines studienaufenthaltes im ausland vor allem um hör- und sprechübungen.

Was zunächst die HÖRÜBUNGEN betrifft, so bietet keine stadt der welt so bequeme und so mannigfaltige gelegenheit hierzu als die französische hauptstadt.

In erster linie sind es die öffentlichen *vorlesungen* in der *Sorbonne* und dem *Collège de France*, die den lernenden anziehen. Die tüchtigsten gelehrten der nation sprechen dort in wohlgepflegter aussprache und mit formgewandtem ausdruck gemeinverständlich über die schwierigsten wissenschaftlichen themata. Jedermann hat hierzu freien zutritt. Demgemäss setzt sich die zuhörerschaft zusammen aus leuten der verschiedensten stände und der verschiedensten lebensalter; und einen nicht geringen teil derselben bilden ausländer, besonders lehrer, lehrerinnen und studenten, die nicht nur aus wissenschaftlichen, sondern auch aus rein sprachlichen gründen kommen. Es ist selbstverständlich für den lehrer empfehlenswert, nach dem *Indicateur des cours*, den man bei dem concierge sowie in den buchhandlungen kaufen kann, aus der überreichen fülle von vorlesungen diejenigen auszuwählen, welche auch inhaltlich für ihn von wert sind, also etwa solche vorlesungen, die sich mit französischer geschichte, litteratur, kunst, volkswirtschaft und dergl. beschäftigen. In der *Sorbonne* wären demnach namentlich zu empfehlen die vorlesungen der professoren Lavisse (geschichte), Faguet, Petit de Julleville und Larroumet (litteratur), Lemonnier (kunst), Marion (pädagogik); im *Collège de France* die vorlesungen von Deschanel (litteratur), Lafenestre (kunst). Aussprache und ausdruck der meisten sind tadellos. Mit grossem interesse hörte ich im vorigen winter im *Collège de France* wöchentlich eine vorlesung bei P. Leroy-Beaulieu, betitelt „nationalökonomik des handels und gewerbefleisses" (titel des bekannten buches von Roscher, welches als grundlage diente), wobei der vortragende besonders die französischen verhältnisse berücksichtigte. Da Brunetière an der *Sorbonne* nicht mehr liest, war Larroumet verflossenen winter der löwe des tages. Der zudrang zu seiner vorlesung über neueste französische litteratur, die er des freitags nachmittags von 4—5 uhr hielt, war so gross, dass um sich einen sitzplatz zu sichern, die zartesten damen aus bester gesellschaft schon um 3 uhr angefahren kamen, — um dann zunächst in der herrschenden empfindlichen kälte eine stunde *queue* zu stehen. — Auch im *Institut catholique* (74, rue de Vaugirard), sowie im winter im *Conservatoire national des arts et métiers* gibt es sehr viel wertvolles zu hören; ebenso in der *École du Louvre*.

Aus besonderem interesse für die person oder den gegenstand wird man natürlich auch einmal eine andere vorlesung hören. Sprachhistorische studien aber möge der schulmann ebensosehr meiden wie das arbeiten auf bibliotheken, da beides dem praktischen zwecke seines aufenthaltes nicht entspricht.

Ausserdem hat man im winter allabendlich gelegenheit, unentgeltlich tüchtige männer reden zu hören über wissenschaftliche, soziale und nationale fragen. Die verschiedenen grossen gesellschaften, insbesondere die *Association philotechnique* und die *Association polytechnique*, wetteifern miteinander, durch öffentliche *vorträge* und abendkurse die bildung des volkes zu fördern. Neben den anzeigen, die sich hierüber bisweilen in den zeitungen finden, beachte man vor allem fleissig die maueranschläge am rathaus (*Hôtel de ville*), an den bürgermeistereien (*mairies*) der einzelnen arrondissements, an schulen, sowie an den häusern, in welchen die bedeutenderen gesellschaften ihren sitz haben. Besonderer beachtung empfehle ich die maueranschläge am *Hôtel des Sociétés savantes*, 28, rue Serpente, einer seitenstrasse des boulevard St-Germain. Ferner sei noch aufmerksam gemacht auf die in geistreichem plauderton gehaltenen, formvollendeten vorträge, die man von grössen wie Mounet-Sully in der *Salle des conférences* auf dem boulevard des Capucines gegen geringes eintrittsgeld hören kann. In der *Société d'économie sociale*, 54, rue de Seine, hörte ich ohne irgend welche förmlichkeiten bei herrn Guérin zehn lehrreiche vorlesungen über zusammensetzung und aufgaben der volksvertretung in den parlamenten.

Auf weitere einzelheiten lässt sich hier leider nicht eingehen; es sei nur noch denjenigen, welche das französische bereits gut verstehen, angelegentlichst der besuch von *volksversammlungen* und von vortrags- und diskussionsabenden empfohlen, wie diese z. b. das *Comité de défense et de progrès social* zur aufklärung der studenten über soziale fragen im *Hôtel des Sociétés savantes* veranstaltet. Es werden dort themata behandelt wie *L'usage de la liberté et le devoir social* oder *Le progrès social par l'initiative individuelle*. Daran schliesst sich eine lebhafte debatte, wobei nicht selten recht jugendliche studenten ihre sozialistischen weltanschauungen mit viel feuer, zuweilen aber mit geringer sachkenntnis auskramen. Pfeifen und johlen drohen oft den übergang zu weiteren thätlichkeiten zu bilden, und der unbeteiligte zuhörer sucht sich in der nähe einer thüre für den notfall ein rasches entkommen zu sichern.

Ebenso empfiehlt sich für sprachlich geübtere der besuch der öffentlichen *gerichtshöfe*, besonders des *Palais de Justice* am Boulevard du Palais, wo man leute aus den verschiedensten gesellschaftskreisen hören und nebenbei dialektische studien machen kann.

Wer allerdings nur mustergiltige aussprache und tadellosen ausdruck hören will, der verzichte auf den besuch der gerichtsverhandlungen. Er besuche fleissig die pariser *schauspielhäuser*, insbesondere das *Théâtre Français* und das *Odéon*. Er lese möglichst zuvor den text, um während der vorstellung seine aufmerksamkeit vor allem der aussprache zuwenden zu können. Auch mehrfacher besuch desselben stückes ist zu empfehlen. Das *Théâtre Français*, auch *Comédie Française* genannt, wird von den franzosen geradezu für die hochschule mustergiltiger aussprache angesehen und zählt in seiner truppe die ersten künstler Frankreichs. Die sogenannten parterreplätze zu 2 fr. 50 sind gut, können nur nicht im vorverkauf gelöst werden; man muss also zeitig kommen und *queue* stehen. Im *Odéon*, auch „zweites französisches theater" genannt, wirken zumeist jüngere kräfte, darunter manche hervorragende talente, die von da aus an die *Comédie Française* übergehen. Eine wertvolle einrichtung in beiden häusern sind die *matinées*, in welchen klassische dramen aufgeführt werden. Denjenigen des *Odéon*, die in erster linie für die studirenden bestimmt sind, geht eine *conférence* voraus, welche von berühmten gelehrten (Larroumet, Lintilhac) oder theaterkritikern (Sarcey, J. Lemaître) gehalten werden. Daneben finden im *Odéon* gewöhnlich freitags abends *représentations populaires à prix réduits* statt, in denen auch klassische stücke gespielt werden. Für 1 fr. 50 kann man hierzu schon einen guten platz bekommen. Im *Gymnase* wird ebenfalls vorzüglich gesprochen; seine spezialität ist das konversationsstück. *Vaudeville* und *Renaissance*, das theater der Sarah Bernhardt, verdienen auch einen besuch; sie gehören zu den *petits théâtres des boulevards*, die sehr „chic", aber auch sehr teuer sind. Der besuch jedoch von theatern wie **Les Variétés** und ähnlichen hat nur vollen wert für diejenigen, welche die sprache schon sicher beherrschen und mit den parisismen vertraut sind.

Des sonntags versäume man nicht die gelegenheit, die grossen *kanzelredner* Frankreichs zu hören, sowohl die reformirten wie die katholischen. Die tüchtigsten redner unter den reformirten geistlichen sind Wagner, Sauter und Bonzon. Bedeutender aber sind die katholischen, unter denen besonders zu nennen sind Monseigneur d'Hulst sowie die dominikanerpater Monsabré, Feuillette, Ollivier, Janvier, Hébert, Didon. Über zeit und ort der predigten letzterer unterrichtet man sich am bequemsten aus der *Semaine religieuse*, die jeden samstag erscheint und die man für 15 c. bei zeitungsverkäufern bekommt. Beachtenswert sind die predigten in der advent- und fastenzeit, welche zum teil nur für das höher gebildete publikum bestimmt sind und sich oft mit rein philosophischen fragen beschäftigen. Mgr. d'Hulst hält während der fastenzeit in Notre-Dame einen zyklus von vorträgen, die nur für herren bestimmt sind und die gegenstände behandeln wie z. b. **Les devoirs de l'État**. Sie werden teilweise in der *Semaine religieuse* abgedruckt und erscheinen auch in buchform.

Von unschätzbarem werte für lehrer und lehrerinnen ist der besuch der *schulen*, schon allein um der praktischen spracherlernung willen. Wie bequem kann man sich in den schulen das sprachliche handwerkszeug sammeln, das man beim eigenen französischen klassenunterricht in der heimat fortwährend nötig hat. Indem man dem wechselgespräch zwischen lehrer und schüler lauscht, eignet man sich die echt nationale schulsprache, die schultechnischen ausdrücke, sowie die anweisungen an, die der lehrer im verkehr mit den schülern gebraucht. Dadurch dass der französische professor fehlerhafte redewendungen verbessert, wird man einerseits auf eigene fehler im ausdruck aufmerksam, andererseits erkennt man in den getadelten wendungen oft volkstümliche ausdrucksweise und lernt sie von wohlgepflegter rede bewusst unterscheiden. Man fürchte jedoch nicht, dass die jungen franzosen in unbeholfener weise und in abgerissenen sätzen antworten wie vielfach unsere schüler, und dass sie darum kein geeignetes beobachtungsmaterial für uns seien. Schon früh zeigt der franzose eine ausserordentliche redegewandtheit, die sich nicht aus dem nationalcharakter des volkes allein erklärt, sondern die zum grossen teil ein ergebnis der erziehung und des schulunterrichts ist. Der franzose legt auf gute aussprache und angemessenen ausdruck den höchsten wert, und die lehrverfassung der schulen hat vor der deutschen den vorzug, dass sie infolge weiser beschränkung eine echt nationale ist, in welcher die pflege der muttersprache thatsächlich die erste rolle spielt. Die nationale bildung der jugend, welche kaiser Wilhelm II. in der dezemberkonferenz als zu erstrebendes ziel hinstellte (indem er sagte: „Wir sollen nationale junge deutsche erziehen und nicht junge griechen und römer"), wird in Frankreich durch die einrichtung des ganzen lehrplans sicherer erreicht als bei uns.

Um sich zugleich mit dem ganzen französischen unterrichtswesen vertraut zu machen, besuche man sowohl die öffentlichen als auch die grossen privatanstalten, knaben- und mädchenschulen, höhere lehranstalten (*enseignement secondaire classique* und *enseignement secondaire moderne*) und elementarschulen (*enseignement primaire*). Die erlaubnis für den besuch der staatlichen und städtischen höheren schulen (*lycées* und *collèges*) erhält man ohne umstände. Wie ich, wurden vorigen winter andere kollegen mit und ohne empfehlung, auf ein einfaches gesuch hin, von dem *Vice-Recteur de l'Académie de Paris*, monsieur Gréard, einen tag nach abgang des schreibens in audienz empfangen, wobei man ihnen für die stadt Paris, ihren wünschen entsprechend, sofort eine *autoraistion* überreichte. Immerhin empfiehlt es sich, ein offizielles schreiben aus der heimat mitzubringen und mit hilfe von empfehlungen die bekanntschaft eines oder mehrerer französischer kollegen zu machen, um sich in dem gesuch und der audienz auf sie berufen zu können. Ich hatte mir die erlaubnis zum hospitiren nur für das *Lycée*

Henri IV und die elementarschulen geben lassen, fand aber mit diesem scheine unbedenklich auch an anderen lyzeen aufnahme und freundlichste berücksichtigung meiner wünsche. Wie mir von massgebender seite gesagt wurde, stossen französische stipendiaten an preussischen anstalten auf schwierigkeiten betreffs aufnahme. Wenn man bedenkt, dass der andrang von deutschen lehrern an pariser schulen ein ganz bedeutender ist, während sich die in Deutschland weilenden französischen kollegen doch auf die einzelnen städte verteilen, so müsste man schon deshalb das ausserordentlich freundliche entgegenkommen der französischen schulverwaltung dankbar anerkennen durch eine ebenso freundliche aufnahme der französischen gäste. Wenn man aber ferner erwägt, dass für uns lehrer des französischen der zutritt zu französischen schulen von grösster bedeutung ist, so liegt gewiss der gedanke recht nahe, die deutschen regirungen möchten mit der französischen einen regelrechten austausch ihrer neusprachlichen lehrer zum zwecke des hospitirens anbahnen. So viel ich erfahren, würde man von französischer seite gerne auf ein derartiges abkommen eingehen. Ja, ein erster schritt ist dort schon gethan. Deutsche lehrerinnen finden für 40 frs. monatlich aufnahme (wohnung und verpflegung) in den französischen lehrerinnen-seminarien (*écoles normales d'institutrices*). Sie müssen sich jedoch zur übernahme von 10—12 deutschen konversationsstunden wöchentlich verpflichten, wogegen sie im umgang mit lehrerinnen und schülerinnen und durch teilnahme am unterricht reichliche gelegenheit haben, sich im französischen weiterzubilden. Der zudrang zu solchen stellen ist bereits sehr stark. Bewerbungen sind zu richten an das *Ministère de l'Instruction publique, 6e Bureau de la Direction de l'enseignement primaire, Paris, rue de Grenelle.*[1]

Die vorhergehenden bemerkungen haben gezeigt, dass man in Paris ausserordentlich bequeme und mannigfaltige gelegenheit zu hörübungen hat. Es braucht kaum noch weiter ausgeführt zu werden, *worauf der lernende hierbei zu achten hat.*

---

[1] Über deutsche lehrerinnen in Frankreich handelt Anna Brunnemann in der *Mädchenschule* VIII s. 142 ff. Sie besitzt gründliche kenntnis französischer, insbesondere pariser verhältnisse und hat mich durch ihre freundlichen ratschläge bei vorliegender arbeit trefflichst unterstützt, wofür ihr an dieser stelle mein verbindlichster dank ausgesprochen sei.

Nachdem der anfänger sein ohr an die fremden laute gewöhnt hat, wird er seine fertigkeit im raschen verstehen des gesprochenen wortes zu erweitern suchen. Dabei prägt er sich die häufiger vorkommenden redewendungen gedächtnismässig ein; unverstandene ausdrücke schreibt er sich auf, um nachher einen franzosen oder ein wörterbuch (ein französisches, am bequemsten den kleinen Larousse) darüber zu befragen. Nebenbei muss er aber auch auf lautliche erscheinungen, ja oft ohne sich viel um den inhalt zu kümmern, in erster linie auf diese achten. Er hat seine aufmerksamkeit zu lenken auf die aussprache der ihm noch nicht geläufigen fremden laute, auf sprechtempo, tonfall, intonation, bindung, auf lautliche doppelformen, sowie auf die bestätigung der ihm bekannten grammatischen regeln. Hierbei wird er manche interessante beobachtungen machen. Er wird konstatiren, dass die franzosen die bindung über erwarten oft unterlassen, und dass derselbe franzose in feierlicher rede viel mehr bindet als in der umgangssprache, ferner dass die französische sprache ausserordentlich oft die neigung zeigt, den akzent von der endsilbe auf die stammsilbe zu verlegen, besonders unter dem streben nach regelmässigem wechsel zwischen starken und schwachen silben. Er wird bei leuten verschiedener bildung, ja bei denselben personen unter verschiedenen verhältnissen eine verschiedene aussprache desselben lautes, eine ungezwungene und eine schulgerechte, finden; ich erinnere z. b. an die aussprache des mouillirten *n*. Lautliche doppelformen, wie *asseyez-vous* und *assoyez-vous*, *août* in der aussprache *u* und *au*, *yn ɔm* neben *ãn ɔm* (*un homme*) und ähnliches, was er nebeneinander in bester gesellschaft hört, werden zu statistischen beobachtungen herausfordern. Und schliesslich wird er die überzeugung gewinnen, dass viele grammatische regeln, die er in der heimat sorgfältigst geübt hat, in der heutigen umgangssprache nicht befolgt werden. Er wird sich vergeblich bemühen, in der pariser, sowie überhaupt in der nordfranzösischen umgangssprache ein *passé défini* zu hören. Sogar in der schülersprache ist das historische perfekt nicht mehr beliebt. Ich habe in der quarta der *École alsacienne* während zweier historischen prüfungsstunden, wo also zumeist die schüler zu sprechen hatten, danach jagd gemacht. In der einen stunde wurde es gar nicht gebraucht; in der anderen kam es ein paar mal vor, aber ein schüler musste zwei mal wegen der falschen bildung *il conquérit* statt *il conquit* getadelt werden; gewiss charakteristisch! Niemals aber bekommt man die formen der ersten und zweiten person zu hören. — Neben diesen bemerkungen, die ich hier nur beispielsweise anführe, wird jeder aufmerksame beobachter viele ähnliche zu machen haben.

Mit den hörübungen müssen SPRECHÜBUNGEN hand in hand gehen. Ja, sie müssen in der ganzen thätigkeit des lernenden sogar die erste rolle spielen, und ihnen muss am meisten zeit gewidmet werden. Dies erhellt wohl schon zur genüge aus der erwägung, dass die produktive thätigkeit des sprechens, das imitative konstruiren der sprache, eine viel grössere geistige anstrengung, also auch eine umfangreichere übung erfordert als die rezeptive thätigkeit des hörens und verstehens. Verstehen und sprechen stehen also zu einander in demselben verhältnis wie auf dem gebiete der kunst das kunstverständnis und die ausübende kunst. Ausserdem aber werden bei den sprechübungen zumeist ganz andere themata behandelt als bei all den oben erwähnten hörgelegenheiten. Es handelt sich bei jenen um die sprache des täglichen lebens, um die ausdrücke, welche man im verkehr mit franzosen fortwährend nötig hat. Und nur zur erlangung der umgangssprache unternehmen ja viele von uns die wanderung ins ausland. Überdies geben ja sprech- oder konversationsübungen auch fortwährend gelegenheit, das gehör zu üben.

So einleuchtend diese erwägungen auch sein mögen, so verharren doch sehr viele in Paris weilende lehrer in der passiven thätigkeit des hörens. Manche lassen sich durch die ausserordentlich anregenden, geistreichen vorträge der professoren an die *Sorbonne* und das *Collège de France* fesseln; sie versäumen in unverantwortlicher weise den wichtigsten teil ihrer aufgabe. Andere haben im sprechen noch so wenig übung, dass sie aus scheu oder aus bereits gesammelten schlimmen erfahrungen niemand durch ihr radebrechen zu langweilen wagen. Wollten sie sich die mühe geben, eines der oben empfohlenen konversationsbücher durchzuarbeiten, so würden sie dadurch gewiss sehr bald den mut zum sprechen erlangen. Der wert solcher werke kann nicht hoch genug angeschlagen werden. Während eines mehrmonatlichen aufenthaltes in England übte ich von anfang an täglich mehrere seiten aus G. Plötz, *The Traveller's Companion;* und als ich nach wenigen wochen einen engländer besuchte, der mich vor meiner abreise aus Deutschland vorbereitet hatte, konnte er bei mir einen wesentlichen fortschritt in der beherrschung der umgangssprache konstatiren; und dies hatte ich vor allem der aneignung und praktischen übung der in G. Plötz enthaltenen gesprächsstoffe zu verdanken. Andere kollegen schliesslich klagen darüber, dass es ihnen an *hinreichender gelegenheit zum sprechen fehlt,* dass ihnen die sprechgelegenheiten im restaurant und auf der pferdebahn nicht ausreichen und nicht vorbildlich genug sind, dass sie trotz aller bemühungen und empfehlungen keinen ergiebigen umgang mit franzosen finden können. Unter diesem drucke leiden sehr viele. Wer in seiner pension keine gebildeten franzosen gefunden hat, denen er sich enger anschliessen, mit denen er den grössten teil des tages verbringen und die er sprachlich und sachlich fortwährend um rat bitten kann, der ist übel daran. Von empfehlungen an familien oder bedeutende persönlichkeiten erhoffe man nicht viel. Wenn man im günstigsten falle auch einige mal zum dîner eingeladen wird oder zuweilen am empfangstage der hausfrau erscheint, so wird sich bei dem exklusiven charakter des französischen familienlebens doch kaum ein ungezwungener verkehr herausbilden. Überdies bedenke man, dass oft schon infolge der grossen entfernungen ein häufigeres zusammenkommen erschwert wird, und dass es vielen franzosen genau so geht wie uns selbst, dass ihre berufsthätigkeit ihnen mit dem besten willen keine zeit zur pflege intimeren verkehrs lässt. Immerhin suche man, wo nur möglich, wertvolle beziehungen anzuknüpfen, denn ein bischen familienverkehr ist ja immer noch besser als gar keiner, hat man so doch auch gelegenheit, die verschiedenen französischen gesellschaftskreise und französisches geselliges leben aus der anschauung kennen zu lernen. Für uns ist naturgemäss der wertvollste umgang der mit französischen kollegen. Unter ihnen eignen sich am besten die lehrer des deutschen, die bekanntlich, wenigstens soweit die von Paris in betracht kommen, ausnahmslos Deutschland kennen und daher verständnis und interesse dafür haben, mit uns deutsche und französische verhältnisse, besonders sofern sie die schule betreffen, vergleichend zu besprechen. Sie wissen aus erfahrung, worauf der studienhalber in der fremde

weilende sein augenmerk zu richten hat, und können uns die
besten winke zur förderung unserer sprachlichen und sachlichen
kenntnisse geben. Allerdings geizen auch sie trotz der geringen
anzahl von 15 stunden, die sie wöchentlich in nur einem fache
zu geben haben, sehr mit ihrer zeit. Denn sie haben alle eine
gelehrte nebenthätigkeit. Die meisten beschäftigen sich mit
ihrer wissenschaftlichen weiterbildung. Viele sind hervorragend
produktiv thätig; und aus ihren reihen gehen die bedeutendsten
schriftsteller, kritiker und staatsmänner hervor (Duruy, About,
Sarcey, Dupuy, Jules Simon, Rambaud). Schliesslich möchte ich
nochmals hervorheben, dass man jede gelegenheit, gebildeten
verkehr zu pflegen, ausnützen muss. Für jüngere herren wird
sich gewiss der anschluss an studenten sehr empfehlen.

Wer aber keine reichliche gelegenheit zum sprechen hat,
und wer noch unbeholfen im gebrauch der sprache ist, *der
nehme privatunterricht*, je nach den verhältnissen täglich eine
oder mehrere stunden. Er wird gewiss auf diese weise die besten
erfolge erzielen. Wem jedoch die mittel für diese ausgabe nicht
reichen, der findet einen notbehelf im konversationsaustausch
mit einem franzosen, der deutsch lernen will. Hierzu bietet
sich leicht gelegenheit. Wichtig ist in jedem falle, dass der
betreffende franzose eine gute nationale bildung hat, dass er
geistreich und redegewandt ist. Diese bedingungen erfüllen ja
die meisten franzosen. Kennt er noch obendrein die deutsche
sprache und das deutsche land, so kann das nur eine empfehlung
mehr sein. Den gang des unterrichts muss man allerdings
manchem vorschreiben. Man wird sich, vielleicht unter benutzung eines buches wie Krons *Petit Parisien*, planmässig über
die verschiedenen vorkommnisse des alltagslebens, über höflich-
keitsformeln, über sitten und einrichtungen belehren lassen,
dasselbe thema in form eines eigenen vortrags wiederholen, selbst
erlebtes erzählen und sich über alle zweifel sprachlicher und
sachlicher natur aufklären lassen. Später mögen sich an die
sprechübungen auch schreibübungen anschliessen, die im nach-
erzählen von gehörtem oder gelesenem, im schreiben von briefen,
in der behandlung eines aufsatzthemas, im freien übertragen
deutscher texte bestehen. Bei allen übungen muss der lehrer
unerbittlich verbessern, um so mehr, als im ungezwungenen verkehr mit anderen im eifer der unterhaltung gar manches falsche

ungerügt bleibt. Der franzose ist hierin noch nachsichtiger als der deutsche und würde sich selbst langweilig vorkommen, wollte er eine fliessende, lebhafte unterhaltung durch korrigiren unterbrechen. Im verbessern desjenigen aber, welcher noch viele fehler macht, wird der franzose, wenn er ihn überhaupt zum sprechen kommen lässt, sehr bald erlahmen.

Selbstverständlich bittet man seinen lehrer, auch auf *lautliche fehler* zu achten. Er findet gewiss mancherlei zu tadeln, spricht das eine oder das andere wort auch einmal vor, lässt es nachsprechen, gibt vielleicht sogar eine, wenn auch unklare anweisung über hervorbringung eines einzelnen lautes. Hernach aber bleibt alles wie zuvor. Er hält weitere bemühungen für nutzlos und beruhigt sich mit dem gedanken, dass der fremde die einheimischen laute eben nicht nachzuahmen vermag. In Paris gibt es allerdings manche lehrer und lehrerinnen, die das üben der aussprache als spezialität behandeln und durch sorgfältiges und erneutes vor- und nachsprechen gute erfolge zu erzielen behaupten (ich nenne M. Avrillon, 54, rue Notre-Dame de Lorette). Jedoch eine gute, unentgeltliche gelegenheit zur übung der aussprache und zugleich des vortrags bieten die in allen stadtteilen eingerichteten *Cours de diction*, die zumeist von schauspielern geleitet werden. Sie sind ihrem charakter und ihrer bestimmung nach verschieden. Ich nahm donnerstags vormittags in der *Mairie du Luxembourg* an einem für elementarlehrer bestimmten kursus des herrn Villain, eines schauspielers des *Théâtre Français*, teil, worin man nach eigener wahl stellen aus klassischen oder modernen französischen dichtern vorlas oder frei vortrug, und worauf man sich natürlich sorfältigst vorbereitete. Da ich mich so zu sagen hier in einer geschlossenen gesellschaft befand, so bedurfte es zur teilnahme eines besonderen erlaubnisscheines; zur erlangung dieses gab ich meine visitenkarte (und zugleich die eines kollegen) unter mündlicher mitteilung unserer bitte auf der *Direction de l'Enseignement primaire* im hôtel de Ville ab, worauf mir der *directeur*, M. Carriot, die „autorisation" umgehend in meine wohnung sandte. Ich bin herrn Villain zu grossem dank für seine bemühungen verpflichtet, habe auch betreffs der kunst des vortrags viel von ihm gelernt; doch glaube ich, dass er selbst zu einer etwaigen verbesserung meiner aussprache wenig beigetragen hat. *Il faut ouvrir la bouche* und ähnliche wendungen, wie ich sie bei ihm und in anderen kursen gehört habe, sind wohl nicht geeignet, klarheit zu schaffen über die artikulation eines lautes und über das wesen des fehlers. Wer nicht in frühestem kindesalter eine fremde sprache nachahmend zu lernen gelegenheit hatte, der kann, falls seine dialektischen neigungen noch nicht allzu sehr eingewurzelt sind, im allgemeinen nur mit hilfe phonetischer studien sich eine gute aussprache des fremden idioms aneignen. Zu solchen studien bietet wiederum Paris die allerbeste gelegenheit. Einer unserer bedeutendsten phonetiker, professor P. Passy an der *École des hautes Études*, hat in Neuilly gegen 10 fr. monatlich privatunterrichtskurse für anfänger eingerichtet, die immer sehr gut besucht werden. Wer schon aus der heimat phonetische kenntnisse mitbringt, der wird mit gutem erfolg an Passys vorlesung und an seinen seminarübungen in der *École des hautes Études* (in der alten Sorbonne) teilnehmen. Das pädagogische geschick und die gewandtheit und klarheit, mit welcher Passy in die schwierigsten kapitel der lautlehre einführt, verdienen vollstes lob. Die feinen lautunterschiede, die er unter heranziehung seiner zuhörer (darunter vertreter verschiedenster nationen) als beobachtungsmaterial feststellt, regen zu eigenen selbständigen beobachtungen an. Berichte über die in den vorlesungen behandelten stoffe befinden sich monatlich im *Maître phonétique*. Wer sich noch weiter in die wissenschaft der phonetik vertiefen will, nehme an den übungen in der beschreibenden phonetik teil, welche der liebenswürdige und geniale abbé Rousselot im *Institut catholique* abhält. Der ehrwürdige herr ist ausserordentlich anregend und in Deutschland nicht nur durch seinen phonautographen, sondern auch als lehrer auf den greifswalder ferienkursen bekannt.

Keinesfalls versäume man, auf die eine oder andere weise fleissig ausspracheübungen zu machen. Man nehme nur nicht das häufig wiederholte kompliment *vous n'avez pas d'accent* zu leichtgläubig hin; es ist wirklich oft nur eine höflichkeitsäusserung. Wie der fertige sänger immer wieder seine tonleitern übt, so muss auch derjenige, welcher sich bereits gewandt in der fremden sprache auszudrücken versteht, unausgesetzt lautübungen vornehmen. Wie oft habe ich es beobachtet, dass ausländer, nachdem sie sich eine leidlich gute aussprache angeeignet hatten, diese wieder verloren, weil sie in dem bewusstsein, verstanden zu werden und sich rasch verständlich machen zu können, weitere ausspracheübungen für überflüssig hielten. Und wie geht es uns mit unseren schülern, wenn wir sie nicht fortwährend in lautlicher zucht halten!

8. REALKENNTNISSE.

Mit recht wird von dem neuphilologischen lehrer verlangt, dass er seinen schülern nicht nur die kenntnis fremder sprachen übermittelt, sondern dass er sie zugleich mit dem fremden kulturleben in seinen verschiedenen äusserungen und in seiner historischen entwickelung bekannt macht. Demgemäss muss der lehrer neben umfassender sprachbeherrschung eine allgemeine kenntnis des fremden volkes, seines landes, seiner geschichte, seines materiellen und geistigen lebens, seiner einrichtungen, seiner anschauungen und sitten, kurz alles dessen besitzen, was man gewöhnlich realien nennt. Solche kenntnisse sind ja wohl grösstenteils am sichersten und bequemsten aus büchern zu schöpfen; auch kann die benutzung von anschauungsbildern verschiedenster art grosse dienste leisten. Wer jedoch seinen schülern ein lebendiges bild von land und leuten, von der eigenart des fremden volkes geben will, der muss dies aus unmittelbarer anschauung kennen gelernt, er muss mit ihm längere zeit in direkter beziehung gelebt haben. Erst hierdurch wird er auf tausend kleinigkeiten aufmerksam, von denen man in büchern gar nicht spricht. Er sammelt sich persönliche erfahrungen und gelangt allmählich dazu, abweichende, uns auffallende geistesströmungen und gewohnheiten des fremden volkes selbständig und vorurteilsfrei aus dessen eigenartigem charakter heraus zu erklären. Kurz zur erlangung von realkenntnissen ist es ebenso nötig, dass der neuphilologe das ausland aufsuche, als zur förderung seiner praktischen sprachbeherrschung.

So oft habe ich schon nach dem geheimen mittel gesucht, durch welches mein hochverehrter lehrer, herr dr. Ph. Hangen, der jetzt als professor am grossh. polytechnikum in Darmstadt wirkt, auf dem dortigen realgymnasium so erfolgreich das englische lehrte zu einer zeit, wo methodische grundsätze der spracherlernung noch wenig erörtert wurden. Und ich glaube heute, dass er seine guten erfolge nicht zum mindesten dem streben

… verdanken hatte, das verständnis der schriftsteller auf grund selbst gesammelter erfahrungen und eigener anschauungen zu vermitteln. Die einflechtung seiner erlebnisse und der beobachtungen, welche er während eines langjährigen aufenthaltes in England gemacht hatte, fesselte unser interesse für die sache; und hierdurch wiederum wurde naturgemäss die spracherlernung gefördert. Wir besassen beim abgang von der schule nicht nur gute sprachkenntnisse, sondern wer wie ich später nach England kam, fand sich in den dortigen eigentümlichen verhältnissen und sitten sofort zurecht. Hätte Hangen uns aber, einseitig aus büchern schöpfend, über England belehrt, so würden gewiss seine erfolge geringer gewesen sein.

Er hatte allerdings das glück, sich während eines langjährigen aufenthaltes in England allmählich ein geläutertes, harmonisches urteil über dessen bewohner zu bilden. Wer dagegen nur kurze zeit ein fremdes volk beobachten kann, der muss immer etwas misstrauisch sein gegenüber den anschauungen, die er selbst gewinnt. Nur zu leicht ist man anfangs geneigt, aus einigen ähnlichen oder gar aus einer einzigen erfahrung generalisirend voreilige schlussfolgerungen über das fremde volk zu ziehen. Darum empfiehlt es sich, seine erfahrungen möglichst oft mit bekannten auszutauschen oder ein einschlägiges, objektiv geschriebenes buch zu vergleichen, um zu sehen, ob dadurch die eigenen erfahrungen bestätigt werden. Ein ganz vorzügliches werk derart ist: Karl Hillebrand, *Frankreich und die franzosen*, wovon auch eine französische ausgabe besteht. Ein solches buch wird gleichzeitig zu weiteren beobachtungen anregen.

Zur erlangung der realkenntnisse über Frankreich ist es wohl empfehlenswert, die verschiedenen teile des landes zu besuchen. In erster linie aber kommt Paris in betracht, da es mehr wie jede andere europäische hauptstadt den inbegriff des landes bildet.

Im vorausgehenden abschnitt bot sich schon fortwährend gelegenheit, auf realien hinzuweisen. Die folgenden zeilen mögen dazu dienen, denen, welche in Paris realkenntnisse sammeln wollen, einige winke für ihre beobachtungen zu geben.

Vor allem interessirt uns das gesamte *erziehungs- und unterrichtswesen*. Durch den verkehr mit kollegen, durch befragen von anderen französischen bekannten, auch von schülern, durch hospitiren mache man sich im allgemeinen vertraut mit der organisation des französischen unterrichtswesens, mit den verschiedenartigen schulen, mit der verwaltung und einrichtung derselben, mit den zumeist damit verbundenen pensionsanstalten, mit der ausbildung und thätigkeit der lehrer, mit lehrziel und lehrplan, mit lehrmitteln, mit prüfungen, die bekanntlich alle öffentlich sind, und mit berechtigungen, mit methodischen und pädagogischen fragen, sowie schliesslich mit erziehungsgrundsätzen. Zu eingehenderer belehrung empfiehlt es sich, das treffliche werk von Gréard, *Éducation et instruction*, Paris, Hachette, 4 bände, zu lesen.

Dem deutschen schulmann bietet dieses gebiet eine fülle interessanter beobachtungen und wertvoller anregungen. Er wird unter anderen z. b. konstatiren, dass das *enseignement moderne* in Frankreich mit denselben vorurteilen des publikums zu kämpfen hat wie in Deutschland die realanstalten, ferner dass die mit den lyzeen verbundenen pensionsanstalten immer mehr gegner finden, ebenso dass die besseren gesellschaftskreise ganz allmählich anfangen, ihre töchter in öffentliche schulen (*lycées*) zu schicken.[1] Staunend wird er stehen vor den grossartigen schulpalästen, denen wir in Deutschland keine ähnlichen gegenüberzustellen haben. Es verlohnt sich wirklich der mühe, die bauliche einrichtung der neueren schulen, wie des *Lycée Voltaire*, des *Lycée Montaigne*, des *Lycée Louis-le-Grand* und insbesondere des *Lycée Janson-de-Sailly*, genauer zu besichtigen. Das letztere hat nahezu 2000 schüler und ausser dem lehrpersonal ungefähr 50 beamten. — Wer die französischen schulbücher durchmustert, wird für seine eigenen bedürfnisse darunter manches verwendbare finden. Arcambeau gibt in der *Zeitschr. für lateinlose höhere schulen* VI, s. 321 ff. u. s. 353 ff. eine wertvolle zusammenstellung. Wer aber die mühe nicht scheut, sich von den bedeutenderen verlagsanstalten, wie Hachette, Delagrave, Belin, Colin, Masson, Larousse, die für die einzelnen schulgattungen herausgegebenen kataloge zu erbitten und durchzusehen, der wird unter befragen französischer kollegen zu jener liste noch manches wertvolle buch hinzuzufügen haben. Er ver-

---

[1] Über mädchenerziehung in Frankreich vgl. das treffliche werk von J. Rochard, *L'éducation de nos filles*, Paris, Hachette.

säume nicht, davon einige für sich und seine schule, für die lehrer- und für die schülerbibliothek anzuschaffen. Auch nach verwendbaren anschauungsmitteln wird er nicht vergeblich suchen. Wenn man auch in manchen lehranstalten unter den landkarten alte freunde aus der heimat wieder erkennt, so will ich doch nicht unterlassen, aus dem verlage von Colin (5, rue de Mézières) die für unseren französischen unterricht wertvollen wandkarten von Frankreich (etwa no. 3, *relief du sol*) und den plan von Paris nebst umgebung von Vidal-Lablache zu empfehlen. Ebenso mache ich aufmerksam auf die geschichtlichen anschauungsbilder in Hachettes verlag. — Aus den verlagskatalogen der einzelnen schulgattungen lässt sich zugleich deren lehrplan ersehen. Derselbe stimmt bezüglich der neueren sprachen im ganzen mit unseren neuen grundsätzen überein; jedoch halten sich die meisten lehrer nur insofern daran, als sie die darin vorgeschriebenen schriftsteller lesen. Man findet also die verschiedenartigsten methoden nebeneinander vertreten. Doch wächst die zahl der neumethodler in der letzten zeit zusehends: darunter befinden sich auch solche, die auf grundlage der anschauung unterrichten.

Der unterricht in der muttersprache sowie in vaterländischer litteratur und geschichte nimmt den anderen fächern gegenüber die erste stelle ein. Der französische stil wird auf das sorgfältigste gepflegt; und obgleich jeder franzose die gewohnheit hat, von dem anderen zu sagen *qu'il ne sait pas le français*, so sprechen und schreiben doch in keinem lande die gebildeten mit grösserer genauigkeit, klarheit und anmut. Ja, ein französischer primaner schreibt bisweilen seine sprache gewandter als mancher deutsche schriftsteller die seine. Sogar beim doktorexamen, dem einzigen wirklich wissenschaftlichen examen, scheuen sich die professoren nicht, dem doktoranden neben sachlichen ausstellungen recht häufig auch solche stilistischer natur zu machen. Vielfach wird von franzosen den deutschen gelehrten betreffs ihrer schriften der mangel an klarheit vorgeworfen. Abbé Rousselot geht sogar so weit, dass er mir behauptete, unklarheit im ausdruck beruhe immer auf mangelhafter vorstellung und auf einer gewissen nachlässigkeit, zu klarer vorstellung durchzudringen. — Bezüglich des deutschen unterrichts verweise ich auf meinen aufsatz in der *Zeitschrift für französ. sprache und litt.* XVII, s. 36 ff. Über den unterricht in den neueren fremdsprachen handelt Bréal, *De l'enseignement des langues vivantes*, Paris, Hachette.

Im anschluss hieran möchte ich die frage erörtern, ob die franzosen, wie man so oft behaupten hört, wirklich kein talent haben, fremde sprachen zu erlernen. Diese ansicht ist zwar sehr verbreitet, aber dennoch falsch. Die franzosen sind sogar recht gut hierfür begabt, wie neuerdings die erfolge in der schule und vor allem die fortschritte derer beweisen, welche nach Deutschland kommen, um unsere sprache ernstlich zu studiren. Die meisten allerdings wollen sich nicht die nötige mühe geben; sie halten es für überflüssig, neben ihrer muttersprache, die ja, wie sie meinen, in der ganzen welt verstanden wird, noch eine sprache zu beherrschen und, was noch schlimmer ist, fremde völker genauer kennen zu lernen. Dieses übertriebene nationale selbstbewusstsein, das auf allzu einseitig nationaler erziehung beruht, diese exklusivität nach aussen sind grundzüge des französischen charakters. Sie hemmen das sonst hochbegabte volk, mit dem raschen vorwärtsschreiten anderer nationen auf allen gebieten gleichen schritt zu halten; und darum sind die franzosen schon oft mit dem namen „chinesen Europas" bezeichnet worden.[1]

Mit einem gewissen neid sehen wir deutschen neuphilologen, wie die ausbildung und thätigkeit unserer französischen fachgenossen trotz mancher mängel sehr viele nicht zu unterschätzende vorzüge hat. Der französische staat verlangt von dem zukünftigen lehrer nur eine kurze studienzeit, in welcher er ihn vor allem mit dem handwerkszeug für seinen beruf ausstattet. Von dem gereiften manne erwartet man, dass er sich nach kräften in wissenschaftliche fragen vertieft und sich in diesem sinne weiterbildet. In Deutschland dagegen wird für das neuphilologische studium noch häufig genug die wissenschaftliche thätigkeit allzu einseitig betont. Sie ist gewiss von unschätzbarer bedeutung für unsere ausbildung; die meisten neuphilologischen lehrer sind ja wohl auch für einen gründlichen betrieb derselben. Doch ihr zulieb darf die eigentliche vorbereitung auf den beruf nicht notleiden. Denn was ist immer die folge solcher ausbildung? Der junge lehrer beginnt mit falschen idealen seine wirksamkeit und hat sich dann durch enttäuschungen zu neuen

---

[1] Vgl. dagegen Texte, *Rousseau et le cosmopolitisme littéraire*, Paris, Hachette, 1895.

idealen hindurchzuarbeiten. Seine spezialwissenschaftliche thätigkeit muss von nun ab ruhen, so schwer er sich auch von ihr lossagen kann. An ein nachholen aber des auf der hochschule versäumten kann der neuphilologe, insbesondere der an grösseren anstalten wirkende, kaum denken, da er nach erteilung von wöchentlich 22—24 stunden, zuweilen in 4—5 verschiedenen lehrfächern, bekanntlich durch vorbereitungen und korrekturen zumeist bis spät abends im dienste der schule steht.[1] Im übrigen verweise ich betreffs vorbildung und thätigkeit der *professeurs d'allemand* auf meinen kölner vortrag: „Inwiefern unterrichten die französischen neuphilologen unter günstigeren bedingungen als die deutschen?" (*Die Neueren Sprachen* III, s. 569 ff.).

Bevor wir unsere betrachtungen über das unterrichtswesen abschliessen, gestatte man mir noch einige bemerkungen über erziehungsgrundsätze in der schule, die ebenfalls zu weiteren beobachtungen anregen mögen.

Dem deutschen, welcher zum ersten male in einer französischen schule hospitirt, wird in vielen fällen die mangelhafte klassendisziplin, sowie noch mehr die pädagogische ungeschicklichkeit des lehrers auffallen. Er wird die befolgung der grundsätze unserer fortgeschrittenen unterrichtskunst, die sich bei uns jeder kandidat in den ersten wochen seiner thätigkeit aneignet, dort vergeblich erwarten. Sollen wir darum annehmen, dass es sich hier um ein solches gebiet handelt, auf dem die franzosen hinter uns zurückgeblieben sind? Oder wäre es denkbar, dass ihrem charakter unsere art widerspricht, dass sie ihnen etwa pedantisch vorkommt? Ich halte das letztere durchaus nicht für ausgeschlossen. Was für den einen passt, passt noch lange nicht für alle. Thatsache ist, dass unsere westlichen nachbarn nach den schlimmen erfahrungen, die sie 1870/71 gemacht haben, sich ausserordentlich anstrengen, das unterrichtswesen zu heben, und dass sie sich nicht scheuen, zu diesem zwecke die einrich-

---

[1] Der grundsatz der konzentration des unterrichts wird in Frankreich nicht in dem sinne aufgefasst, dass *derselbe* lehrer verschiedene fächer unterrichten muss. Unsere französischen kollegen lehren zumeist nur ein fach und können diesem ihre kraft voll und ganz zuwenden. Wenn ich im anschluss hieran nochmals auf meinen lehrer professor Hangen in Darmstadt zurückkommen darf, so möchte ich behaupten, dass zu den günstigen umständen, unter denen er unterrichtete, noch der eine hinzuzurechnen ist, dass auch er fachlehrer war und nur englisch lehrte.

tungen und grundsätze ihrer nachbarvölker, nicht zum mindesten der deutschen, genauer zu studiren. Man vergleiche nur z. b. in dem diesjährigen *Annuaire de l'enseignement primaire*, herausgegeben von Jost (bei Colin), die wissenschaftlichen abhandlungen. Bei weitem der grössere teil derselben (nicht weniger als 13 artikel) beschäftigt sich mit dem auslande; beispielsweise erwähne ich: *Les langues vivantes en Allemagne; Les femmes et l'enseignement en Allemagne*. Auch Wolfromms vielgelesene *Revue de l'enseignement des langues vivantes* bringt fast in jeder nummer neuigkeiten aus Deutschland. Wenn in dem französischen unterrichtswesen, wie übrigens auch noch anderwärts, vieles verbesserungsfähig ist, so muss man doch anerkennen, dass die volksbildung in den letzten 25 jahren sehr grosse fortschritte gemacht hat. In der pädagogik aber befolgen die franzosen, ihrem charakter entsprechend, eben andere grundsätze wie wir. Einen hauptfaktor in der schulerziehung bildet die ausbildung des ehrgefühls. Im gegensatz [1] zu unseren gewohnheiten veranlasst man deshalb einen schüler niemals zu ungünstigen aussagen über seine mitschüler. Ja, das ehrgefühl eines elfjährigen knaben ist bereits so weit ausgebildet, dass er sich für entehrt halten würde, wenn ihn sein lehrer körperlich züchtigte. Doch leider geht wie im ganzen französischen volksleben auch in der schule *äussere ehre* über ehrgefühl. Der schüler ist weniger aus pflichtgefühl oder aus liebe zur sache fleissig als deshalb, um bei der jährlichen öffentlichen preisverteilung vor einer erlauchten versammlung und in den tagesblättern genannt zu werden. Die eitelkeit ist einmal eine angeborene eigenschaft der franzosen. Daher kommt es, dass er worte wie *vanité*, *vaniteux* höchst selten gebraucht. Welch eine szene war es doch, als in einer elementarschule, in der ich hospitirte, dem besten schüler der klasse wegen eines vergehens mitten in der stunde der orden von der brust gerissen wurde. Doch zu seiner beruhigung wurde er ihm nach neuem mustergiltigem betragen am schluss der stunde wieder angeheftet. Die anzahl der preise, die durch die jährlichen wettprüfungen erworben werden können, ist durchaus keine geringe. Die zehn besten jeder klasse haben hierauf anspruch. Diese werden mit den auserwählten derselben klasse aller gleichartigen anstalten des akademiebezirks zu einer zweiten

[1] ?   *D. red.*

wettprüfung vereinigt, woraus wiederum zehn auserwählte hervorgehen. Schliesslich findet unter den 16 akademiebezirken Frankreichs eine nationale wettprüfung statt, an der also für jede klasse 16 × 10 = 160 schüler teilnehmen. Wer den *grand prix d'honneur* erlangt, geniesst die höchsten ehren und ist für alle zukunft geborgen. In den späteren fachstudien, sowie im berufsleben ist ebenso jedem gelegenheit geboten, nach äusseren ehren zu ringen. Sie sind ja dem franzosen der hauptsporn zum weiterstreben. Wie in der schule viele preise, so winken im späteren leben zahlreiche orden und auszeichnungen. Als höchste auszeichnung gilt die, mitglied der akademie zu werden. Man unterlasse nicht den besuch wenigstens einer der fünf akademien des *Institut de France*, da man dort die bedeutendsten französischen gelehrten und schriftsteller sehen und hören kann. Um sich ein bändchen ins knopfloch zu verdienen, scheut übrigens der franzose eine kleine intrigue nicht. Die titelsucht dagegen, wie sie in Deutschland in lächerlichster weise florirt, wonach sogar die frau sich den titel ihres mannes beilegt, ist dem franzosen fremd. Ihm ist jeder herr *monsieur* und jede frau *madame*.

Wer sich über den stand der wissenschaftlichen sprachstudien oder über die forschungsthätigkeit in anderen *fachwissenschaften* unterrichten will, findet hierzu gelegenheit durch das hören der vorlesungen, sowie durch das lesen von fachzeitschriften und spezialwerken, die auf den verschiedenen öffentlichen bibliotheken leicht zugänglich sind. Unter diesen sind am bequemsten zu benutzen die *Bibliothèque nationale*, ferner *Sainte-Geneviève* am *Panthéon* und die bibliothek der *Sorbonne*, sowie die bibliotheken der einzelnen fachschulen. Pädagogische werke und lehrmittel sind gesammelt im *Musée pédagogique* (rue Gay-Lussac), das einen besuch verdient. — Wie schon erwähnt, sind die bibliotheken von dem schulmanne, der nur vorübergehend im auslande weilt, möglichst zu meiden.

Es braucht wohl kaum hervorgehoben zu werden, dass jeder gebildete, der in Paris weilt, sich mit den hauptrichtungen der neueren *französischen litteratur*, mit den bedeutendsten schriftstellern und deren wichtigsten werken vertraut zu machen hat. Hierzu bieten ausser den zahlreichen vorlesungen und den theatern die revuen und besseren zeitungen, sowie der umgang mit gebildeten franzosen gelegenheit. Dabei macht man bald die erfahrung, dass mancher in Deutschland beliebte romanschriftsteller in Frankreich verhältnismässig wenig gelesen wird, dass z. b. eine französin, die etwas auf sich hält, wie man mir wiederholt versicherte, Zola nicht liest, und ferner, dass viele der in Deutschland so begehrten obszönen *französischen theaterstücke* nur in den pariser vorstadttheatern und in theatern zweiten ranges gespielt werden. Das *Odéon* legt sogar übermässige verehrung für die klassischen stücke an den tag; und im spielplan der *Comédie Française* sind sie ebenfalls reichlich vertreten. In der blinden hochschätzung seiner klassischen dichter geht aber der franzose leider so weit, neben den bedeutenden geisteswerken von Racine und Molière auch die derben schlüpfrigen possen der letzteren aufzuführen. Der nüchterne deutsche bekommt wenigstens den eindruck, dass sie besser ungespielt blieben. Ebenso widerstrebt ihm die pose und die hohle deklamation bei der aufführung aller klassischen stücke. Doch hierin herrscht starre überlieferung. Abgesehen vom *Odéon*, das für die besten kräfte, die vom konservatorium abgehen, eine vorbildungsschule für das *Théâtre Français* bildet, erfährt allerdings in allen theatern das effektstück (*pièce à effet*) wie bei uns die grösste berücksichtigung.

Dem aufmerksamen beobachter kann nicht entgehen, dass betreffs gewisser kunstrichtungen sowohl auf dem gebiete des theaters wie auf dem der musik die mode eine sehr grosse rolle spielt. Wie ein echter franzose guter gesellschaft niemals wagen würde, die bei omnibusfahrten und theaterbesuchen so lästige kopfbedeckung des zylinders gegen einen bequemeren hut zu vertauschen, weil er dadurch auffallen könnte, so wagt er auch nicht, einer allgemein anerkannten kunstrichtung gegenüber seine eigene meinung geltend zu machen. So erklärt es sich denn, dass neues sehr schwer eingang findet. Heute werden Wagner und Ibsen von der grossen menge blind verehrt. Von Sudermann aber will man noch nichts wissen, obgleich die meisten jenen beiden ebenso fremd gegenüber stehen wie diesem. Übrigens soll nicht unerwähnt bleiben, dass sich unter den französischen Wagner-verehrern jetzt manche sehr gründliche kenner desselben befinden. Lesenswert ist in dieser hinsicht das werk des abbé M. Hébert, *Das religiöse gefühl im werke Richard Wagners*, übersetzt von A. Brunnemann, erschienen bei A. Schupp,

München 1895. Aus diesem mangel an selbständigem urteil erklärt es sich auch, dass man sogar gebildeten franzosen gegenüber kaum wagen darf, an dichtergrössen wie Molière und Racine schattenseiten zu finden. — Es sei hier noch erwähnt, dass man die französische jugend guter gesellschaft nur in die matineen, worin klassische stücke gespielt werden, führt, dass man sie aber im übrigen streng vom theaterbesuch fernhält. Es ist sogar eine redensart, dass man junge mädchen höchstens in der *Opéra comique* die harmlose *Dame blanche* hören lässt. Der oben erwähnte 17jährige baron Rothschild war noch nie in der grossen oper, weil sein vater das nicht wünscht. — Wer sich über pariser theater genauer unterrichten will, lese das buch von J.-J. Weiss, *Théâtres parisiens* (Callmann Lévy). Freunden der *musik* empfehle ich ausser dem theater insbesondere den besuch der *concerts Lamoureux* und *Colonne*.

Nicht minder aber gilt es, sich durch eigene anschauung mit den grossartigen leistungen der franzosen in der *malerei*, *bildhauerkunst und architektur* bekannt zu machen. Baedeker bietet hierbei eine sehr gute führung. Man mache nicht nur dem *Louvre* und dem *Luxembourg* ungezählte besuche, sondern man gehe auch in die übrigen von Baedeker empfohlenen kunstsammlungen und suche gelegentlich auch eine der bedeutenderen privatausstellungen auf. Unter den letzteren sind besonders empfehlenswert die im *Cercle Volney* (7, rue Volney) und im *Cercle de la rue Boissy d'Anglas*, ferner die der grossen kunsthändler (Goupil am b^d des Capucines und George Petit in der rue de Sèze). Die *neoimpressionisten* haben in der rue Lafitte eine permanente ausstellung. Wer im sommer in Paris weilt, wird sich gewiss den besuch der beiden salons nicht entgehen lassen.

Einen begriff von der staatsverfassung, von der gerichtsbarkeit, von öffentlichen einrichtungen zu gunsten des volkswohls, von dem steuerwesen, von volkswirtschaft, handel und gewerbe, vom heerwesen, von politischen bestrebungen, kurz von dem gesamten *öffentlichen leben*, erlangt man allmählich aus eigener anschauung, sowie durch das lesen von zeitungen, durch hören von vorlesungen und nicht zum mindesten durch den umgang mit gebildeten verschiedener stände. Wem mehr zeit zur verfügung steht, der mag ausserdem spezialwerke zu rate ziehen. Man versäume nicht, die kammerverhandlungen zu verfolgen und zuweilen die deputirtenkammer und die senatssitzungen zu besuchen. Zutritt ist leicht zu bekommen. Wenn man nicht durch bekannte mit eintrittskarten versorgt wird, so befolge man zur erlangung derselben die anweisungen Baedekers oder man wende sich vertrauensvoll an den concierge.

Die titel der besten und der neuesten *französischen bücher* sammelt man sich, soweit man sie nicht erfragen kann oder aus zeitschriften ersieht, aus den katalogen der grossen verlagsbuchhandlungen. Von den sortimentsbuchhändlern erwarte man keinen rat, eher noch von den antiquaren. Man wandle häufig durch die arkaden des *Odéon*, wo die buchhändler reiche schätze besonders begehrter bücher ausstellen und wo man ungehindert die einzelnen werke durchblättern und prüfen kann. Wenn man sich so einige bibliographische kenntnisse angeeignet hat, besuche man die *bouquinisten* (antiquare) im *Quartier latin* (ich empfehle besonders Mulot, 71, rue Saint-Jacques), sowie an den Seinequais, wo die bücher nach preisen zu 20, 40, 50, 80 c. u. s. f. in kästen geordnet sind. Überall findet man für wenig geld neben manchem schund auch wertvolle werke. Einzelne nummern der besseren *revuen* sind stets unter den arkaden des *Odéon* käuflich. Man kann sie auch in den *cabinets de lecture* gegen ein eintrittsgeld von 25 c. lesen. Die vielseitigsten unter ihnen sind: die *Revue bleue*, die *Revue des deux mondes*, die *Nouvelle Revue*, die *Revue de Paris*, die *Revue blanche*, die *Revue encyclopédique*, die *Annales politiques et littéraires*. Was uns darin am meisten interessirt, sind etwa die romane, sittenschilderungen, die politische rundschau und insbesondere die berichte über theater, kunst und modernste litteratur, die von geistreichen kritikern geschrieben sind, wie Jules Lemaître, Anatole France, Emile Faguet, Gustave Larroumet, Jacques du Tillet, Francisque Sarcey, Théod. de Wyzewa, Ernest Tissot, Henry Fouquier, Edouard Rod. Im grossen und ganzen gilt von diesen zeitschriften, dass sie hinter den deutschen zurückstehen; vor allen dingen fehlt den meisten die geschmackvolle ausstattung und der bilderschmuck unserer familienblätter. Eine nachahmung dieser bildet die seit einem jahre bestehende zeitschrift *Le monde moderne*. Wenn es sich darum handelt, aus den oben erwähnten *Revuen* eine für das eigene haus auszuwählen, so ist in erster linie die *Revue bleue* zu empfehlen. Sie kostet ohne die *Revue scientifique* uns hier jährlich 35 frs. In ihr legen jetzt die ersten geistesgrössen der französischen nation ihre ideen nieder. Die *Revue des deux mondes* hat in Frankreich sehr viele abonnenten verloren. Wem aber die *Revue bleue* zu teuer oder zu umfangreich ist, der abonnire auf das alle acht tage erscheinende, vorzüglich redigirte blatt *Les annales politiques et littéraires*, das nicht weniger als 65 000 abonnenten zählt und rue St-Georges, 15 erscheint. Das abonnement beträgt jährlich für Deutschland 7 fr. 50. — Unter den zahllosen *tagesblättern* sind die besten das *Journal des Débats*, gemässigt republikanisch, sehr wertvolle artikel enthaltend (zu 20 c. die nummer); der *Temps*, republikanisch, sehr gut über das ausland unterrichtet (15 c.) und der *Figaro*, royalistisch-klerikal, sehr verbreitet (15 c.). Unter den kleineren zeitungen sind sehr gut redigirt *Soleil, Éclair, Journal* (die nummer zu 5 c.). Um volkshumor, studentengeist, chauvinismus und andere extreme parteistellungen kennen zu lernen, versäume man nicht, zuweilen ein witzblatt, den *Étudiant*, den *Anti-Prussien*, *L'Alsacien-Lorrain, La petite République*, organ des sozialisten Jaurès, Rocheforts *Intransigeant*, die äusserste linke vertretend, und ähnliche blätter zu kaufen, die zum teil eintagsfliegen sind und auf einseitiger spekulation beruhen.

Von grösstem interesse für den in der millionenstadt weilenden deutschen ist das studium des *volkscharakters*, der volksanschauungen, der sitten und gewohnheiten, des geselligen verkehrs, des familienlebens und der häuslichen erziehungsgrundsätze, sowie die beobachtung der wohnlichen einrichtung verschiedener stände, der bekleidung und ernährung. Auch auf diesem gebiete muss ich mich auf einige andeutungen beschränken.

Land und leute kann man trefflich beobachten in den gratisvorstellungen der grossen oper und des *Théâtre Français*, bei den rennen, bei faschingsaufzügen, bei gerichtsverhandlungen, bei versteigerungen im hôtel Drouot, bei volksversammlungen und insbesondere im café, auf dem omnibus und auf den boulevards. Man wird bei diesen gelegenheiten finden, dass der franzose höflich, harmlos vergnügt, leicht erregbar, spontan in kundgebungen von freude und schmerz, sparsam und sehr genügsam ist. Bei volksansammlungen kann man sich ruhig mit

seinem nachbar in ein gespräch einlassen. Der franzose wird
stets in liebenswürdigster weise und ohne aufdringlichkeit rede
stehen. Selbstverständlich muss man aber wie in allen grossen
städten vorsichtig sein, auf diese weise nicht in die hände von
gaunern zu geraten. Langenscheidts notwörterbuch warnt ja zur
genüge davor; man hat sich in der gefahr nur demgemäss zu
benehmen. Als ich vor einigen jahren einmal mit meiner frau
von Paris nach Versailles fuhr, hatten wir die ehre, das auserwählte opfer von bauernfängern (*bonneteurs*) zu sein. Nicht
weniger als sechs schnapphähne waren aufgeboten worden; und
ihr gaunergewerbe vollzog sich, indem sie nach art der berliner
gauner das „kümmelblättchen" spielten, genau in der mir durch
Langenscheidt bekannten weise, nur mit dem unterschied, dass
ich ihre einladung mitzuspielen gleich von vornherein geschickt
ablehnte, so dass wir uns in Versailles friedlich trennten. Kaum
ausgestiegen, waren sie auch schon verschwunden.

Zur richtigen beurteilung des charakters der franzosen ge-
nügt es nicht, sie auf der strasse oder im café zu beobachten;
man muss mit ihnen in nähere beziehung treten und sie möglichst in ihrem hause sehen. Dann wird man finden, dass sie
in vieler beziehung das gegenteil von dem sind, was man ver-
mutet. Wenn der franzose auch äusserst lebhaft und gegen alle
welt zuvorkommend ist, so wird er doch selten jemand einen
blick in sein innerstes, am allerwenigsten in sein familienleben
thun lassen. Er hat einen stark ausgeprägten familiensinn; und
das verhältnis der kinder zu ihren eltern ist oft rührend. Die
mutter ist meistens die einzige freundin ihrer tochter, und der
vater ist der gute kamerad seiner söhne. Obgleich der franzose
viel auf der strasse lebt, so ist er doch auch arbeitsam, und die
frau übertrifft in dieser hinsicht den mann. Sie ist ihrem gatten
eine treue gehilfin in seinem beruf und weiss sich stets einen
unersetzlichen platz im hause zu erringen. So beweglich der
franzose auch im umgang erscheint, so zeigt er sich in seinem
heim doch zumeist als gewohnheitsmensch, der zäh am alten
festhält und für neuerungen schwer zugänglich ist. Er ist genügsam und macht an häusliche bequemlichkeiten nur geringe
ansprüche. Trotz der republikanischen verfassung herrscht in
Frankreich noch ausserordentlich viel kastengeist, und trotzdem

an allen öffentlichen gebäuden die worte prangen *Liberté, égalité, fraternité*, so sind in Frankreich die sozialen vorurteile doch noch recht fest eingewurzelt. Das zeigt sich besonders beim heiraten. Zwischen gelehrten- und kaufmannsfamilien z. b. werden nur höchst selten ehen geschlossen. Jede mutter wacht sorgfältig darüber, dass ihr sohn und ihre tochter nicht unter ihrem stande heiraten. Die tochter fügt sich meist willenlos dem wunsche der eltern. Der exklusivität des familienlebens und dem herrschenden kastengeist entspricht es, wenn der franzose ziemlich interesselos gegen das ausland ist. Die *grande nation* will noch immer alles aus sich selbst schöpfen, und infolgedessen finden wertvolle reformen oft nur schwer eingang. Das heranwachsende geschlecht ist allerdings mehr kosmopolitisch und beginnt, sich mit offenen, unparteiischen augen ausser landes umzusehen.[1]

In der unterhaltung ist der franzose stets lebhaft, witzig, schlagfertig; er weiss über ein nichts viel anmutiges zu sagen. Im geselligen verkehr hasst er jede steife zurückhaltung und ist wenig zeremoniell. Bei zwanglosen zusammenkünften herrscht die grösste mässigkeit in der bewirtung; indes wird wert auf die qualität gelegt. Doch trotz dieser ungezwungenheit beobachtet er viele kleine äusserlichkeiten, die zum guten ton gehören und deren vernachlässigung dem fremden sehr übel genommen wird. Er ist nur allzu leicht geneigt, kleine verstösse, die wir aus unkenntnis der französischen sitten und gebräuche begehen, uns auf konto der unhöflichkeit, des mangels an takt oder, was noch schlimmer ist, „deutscher plumpheit und ungeschliffenheit" zu setzen. Deshalb thut man gut, sich durch ein buch über den französischen guten ton zu belehren. Empfehlenswert ist das der baronne Staffe, *Règles du savoir-vivre dans la société moderne*, woraus man manche wertvolle aufschlüsse über französische sitten schöpfen kann. Gerade der deutsche muss besonders auf sich achten, da er schärfer beurteilt wird als die angehörigen anderer nationen. Der süddeutsche findet schon

---

[1] Man beachte Lombards neue zeitschrift *L'Étranger*, die besonders den friedensbestrebungen dient, dem neuphilologen aber zur belehrung über Frankreich warm zu empfehlen ist. Sie erscheint rue Denfert-Rochereau, 77, Paris und kostet uns hier jährlich 7 frs.

willkommenere aufnahme als der norddeutsche. Ebenso gewissenhaft wie auf die formen des umgangs achte man auf seine kleidung. Denn der franzose gibt viel auf äusserlichkeiten und nimmt sich nur selten die mühe, in einer unscheinbaren hülle nach einem trefflichen kern zu suchen. Wer freundschaftlich mit franzosen verkehren will, kann dies nur erreichen durch aufbieten von ungemein viel takt und zurückhaltung, durch vermeiden von religiösen und besonders von politischen diskussionen. Selbstverständlich soll hiermit nicht gesagt werden, dass der deutsche gegebenen falls sein nationalbewusstsein verleugnen soll.

Mögen diese zeilen noch manchen veranlassen, die franzosen und ihr land aus eigener anschauung kennen zu lernen. *So viele vorurteile über unsere westlichen nachbarn werden dann schwinden, und andererseits werden die von unseren dichtern so oft gepriesenen deutschen tugenden in hellerem lichte erscheinen.*

Wiesbaden. Ph. Rossmann.